优秀女孩
养成攻略

自我培养

刷刷 著

希望出版社

图书在版编目（CIP）数据

优秀女孩养成攻略：自我培养 / 刷刷著. -- 太原：希望出版社, 2025.3. --（女生成长小红书）.
　　ISBN 978-7-5379-9278-7
　　Ⅰ. G479-49
　　中国国家版本馆CIP数据核字第2024XU6999号

YOUXIU NÜHAI YANGCHENG GONGLÜE　ZIWO PEIYANG

优秀女孩养成攻略　自我培养

刷　刷　著

出 版 人：王　琦	美术编辑：安　星
项目统筹：翟丽莎	封面绘图：赵倩倩
责任编辑：安　星	装帧设计：安　星
复　　审：翟丽莎	责任印制：李　林
终　　审：王　琦	

出版发行：希望出版社

地　　址：山西省太原市建设南路21号

开　　本：880mm×1230mm　1/32　　印　　张：5

版　　次：2025年3月第1版　　印　　次：2025年3月第1次印刷

印　　刷：山西基因包装印刷科技股份有限公司

书　　号：ISBN 978-7-5379-9278-7　定　　价：29.00元

目录

1

寻找自己的美丽

接纳自己，爱自己，成为一个自信的女生。发现自己的美，才会拥有充满阳光与鲜花的人生。

丽丽是一个像小草一样的女生。她没有张扬的个性，没有特别的嗓音，在班里引不起任何人的注意，只是寂寞地在一个人的世界里微笑。

丽丽像一朵野花，没有醉人的芳香，没有艳丽的色彩，总是悄悄地开在校园的某个角落，衬托着周围的风景。

丽丽身材矮小，身形偏胖，最令她伤心的是，开学后，她的脸上开始疯狂长痘！

长痘原本不算什么大事，丽丽是一个普通女生，她经历的是每个女生都会经历的事情。可是，悲哀的是，事情并不是这么简单，丽丽患有先天性听力障碍，对于她来说，和别人正常交流有不少困难。

因为听力障碍，丽丽在一群女生中显得有些与众不同。她比别人更敏感，更能听到心灵发出的声音。丽丽喜欢飞翔在天空的鸽子，所以每天下午放学，她都会到公园里看鸽子。偶尔，她会带一位朋友去，只不过陪她看鸽子的朋友并不是因为喜欢鸽子才去，而是遇到了伤心事。

面对别人的悲伤，丽丽显得格外焦急。她尽力去安慰朋友，虽然因为听力障碍，她常常会闹一些笑话，但她的善良也打动了一些朋友，被安慰的人因为这份善良而露出了笑容。

因为听力障碍，她常常回答不出老师的问题，课间休息时，班里调皮的男生总会捉弄丽丽，拿她开玩笑……同情丽丽的人都说，世界对丽丽太不公平了，给她的阳光少之又少。丽丽在这样的环境中，逐渐变得沉默、沮丧起来。

然而有一天，当丽丽遇到一位老人后，她的世界瞬间照进了一束阳光。

老人曾是一名科学工作者，退休后常常到公园

里边晒太阳边读书。他们相遇时，丽丽正在公园里一如既往地看鸽子。老人也喜欢鸽子，于是他们攀谈起来。熟悉后，丽丽好奇地问："您手里的书好看吗？为什么您捧着书本不放？"老人慈爱地笑笑，摊开书，对着丽丽的耳朵为她诵读书里的内容。

因为听力障碍，丽丽在听老人诵读书本的时候格外用心，她不想错过任何一个字。在仔细听的过程中，丽丽发现自己居然有

非同寻常的记忆力，她不仅能记住老人诵读的文字，还能根据文字展开想象，在脑海中勾勒出一片风景。这些惊喜的发现，让丽丽爱上了倾听。在老人缓缓的诵读声中，丽丽看到了属于自己的一片天空。

丽丽开始听课文的朗读录音，听英文听力训练光盘，听各种美妙的音乐，她甚至从学校的网站上下载了"维也纳新年音乐会"的全部录音。因为爱听，会听，加上超强的记忆力，丽丽变了，她不但提高了学习成绩，而且可以唱动听的歌，给同学讲述交响乐带给人的心灵感悟。

"丽丽，你变了，你变得开朗、自信了！"

自信 优雅 宽容 睿智

"丽丽，你现在爱笑了！你笑起来好美哦！"同学们发现丽丽的变化后，惊喜极了。

丽丽变得自信、优雅、宽容、睿智，她的变化令同学们刮目相看，越来越多的人愿意和她做朋友，向她请教问题。

丽丽看到了另一个自己，那个多年来她渴望成为的自己——有知识、有朋友、有存在意义的女生。

丽丽受到鼓舞，开始大量阅读各种图书。听力障碍让她在课堂上听的内容受限，她便在课余时间自学。因为勤奋和不气馁，她的成绩在期末大幅

提升。

尽管在这个过程中丽丽付出了比别人更多的时间和汗水，但是她想：如果我能从别人的眼睛中看到自己的美好，多付出一些也值得。能看到自己的美好，是一件幸福而骄傲的事。

丽丽开始接纳自己，肯定自己。她为自己写了一条座右铭：信任自己，关心自己，肯定自己，努力做自己的好朋友。

刷刷姐姐
有话说

接纳自己，爱自己

接纳自己是成熟的表现。一个不喜欢自己的人，不管有多大能耐，最后都会被自己击垮。

每个人都会有这样那样的不足，或是长得不够好看，或是智力不超群，或是运气不佳……面对这些，女生该怎么办呢？

刷刷姐姐告诉你：挖掘自己的优点，接纳自己。接纳自己，自身的不完美也可能转化为完美。

有一个女生，因为长得不好看，从幼儿园到小学，她都因为自己的外貌而自卑。进入中学后，某一天，她突然意识到："为自己的长相自卑了这么多年，对自己一点好处也没有。长时间为长相而郁闷，丝毫不能改变现状，还令自己增添了很多烦恼。既然外貌无法改变，索性改变自己的态度，'丑'出一个自我来。"于是，这个女生一改以前待人处世的态度，从介意别人议论自己的外貌到坦然面对并轻松谈论自己的外表来释放自己压抑的情绪，从畏惧与人交往，到主动坦诚地结交朋友，从自卑到自信，从黯然神伤到容光焕发。班里的同学渐渐发现她变了，这个女生

其实并不丑，大家对她的评价也从"丑女"变成"乐观、自信、快乐的女生"。

这种接纳自己、爱自己的心态让这个女生从自卑心理中走了出来，不再为外貌所累，而是发挥自己的长处，获得了自信。中考后，一所重点高中向她伸出了橄榄枝。当周围的同学羡慕地问她为什么运气这么好的时候，她说："或许我是别人眼中的丑小鸭，但我并不会展露一张忧伤的脸。我相信至善的心灵，对人慷慨必能获得真诚的友谊，我不吝啬微笑和热情，并以此感恩周围的一切。我要自己面对的世界有花有果、有香有色、有笑有泪，而不是一片荒野、一望无边的沙漠。"

这位女生的经历告诉我们，如果能接纳自己，就可能实现从自卑到自信的转变，这实际是一种"精神美容"。

其实，不管容貌是美是丑，生命对每个人都是公平的。若想让别人赞美自己，首先要克服自卑的心理，树立自信心，展现自己优秀的一面。

女生应明白，生命中的不足与缺陷并不可怕，可怕的是不愿意接受现实，不能以平常心对待自己，进而自惭形

秒、自我贬低。

优秀的女生并不一定有美丽的外表，但一定是自信的，能发现自己身上的闪光点。

请牢记：接纳自己，爱自己，才会成为一个自信的女生。发现自己的美，才会拥有充满阳光与鲜花的人生。

女生小攻略

自我发现"三步曲"

第一步：自评

写一写自己的优点。

外表优点：比如皮肤、身高、头发、眉毛的特点等，只要是自己满意的地方，都可以写下来。

能力特长：毛笔字、电子琴、小提琴、钢琴、葫

芦丝……哈哈，实在是太多了，只要是参加训练，并且取得一定成绩的都算在其中。

个性优点：这就更广泛了，比如开朗大方、善于表达、耐力好、能坚持、善良、有同情心、孝敬父母等，都是自身的优点。

第二步：他评

把你的好朋友统统找来，让他们认真地告诉你，你的优点有哪些。

你的朋友一定对你可爱的相貌、迷人的微笑、正直和善良的品格、对待朋友的真诚印象深刻吧。没错，这些都是优秀女生的重要元素和宝贵的财富，赶紧认真地把它们收集起来吧。

她们也许还讲了你的不少缺点：性格软弱，比较懒，说话不经大脑，常说错话让人难堪，脑瓜不灵活，做事丢三落四，经常没有自信……唉，好多啊！可千万不要气馁，这些缺点是考验自我的重要元素，改正缺点，你就离成功不远了。

第三步：测评

做一些了解自我的专业测试，比如人格测试、能力测试等。

很多网站和书上的测试其实是心理游戏，并不是真正的专业测试，做专业测试一定要找准确的题来做，可以到心理咨询中心或者大医院的心理健康中心做测试。

当然，你也可以找学校的心理老师做测试，他们会根据结果给你一些有效的指导和建议。

女生的误区

想成为一个优秀的女生，应该享受美好的事物，并和周围的人分享。这些事物就是灿烂明亮的笑容、温情友爱的语言和真诚宽容的心。

小美和雪纯是一对"死党"。

她们同住一个小区，各自的妈妈也在同一个单位，从幼儿园到现在，她们的关系一直很密切，是众人皆知的好朋友。

"小美、雪纯，你们为什么这么亲密？你们看起来完全是两种类型的人呢！"同学们经常发出这样的疑问。

是呀！

小美看起来娇滴滴的，是典型的"小可爱"；

雪纯则相反，她走路、做事风风火火，遇到高兴的事便咧开嘴，发出爽朗的笑声。这些显著的差别，惹得大家把她们视为"小可爱"和"假小子"的组合。

当然，这些丝毫没有影响小美和雪纯的友谊，她们在心底把彼此看成最值得信任的人。

每天早晨，在清爽的晨风中，雪纯准时到小美家楼下等她一起上学。两个人有说有笑、亲密地并肩走向校园的身影，让人忍不住感叹友谊是那么美妙。

但是，从上周开始，她们之间悄悄地发生了一些变化。

雪纯觉得亲爱的朋友——小美哪里不对劲。哪儿出问题了？雪纯说不上来。一天早晨，小美没有像往常一样准时下楼，微笑着说"早上好"，而是迟了好久才下楼，下楼就让雪纯帮忙背书包也不说

谢谢……哦！雪纯深吸一口气，心想：我知道哪儿出问题了。是小美给人的感觉变了，以前天真可爱的小美，最近变得盛气凌人，甚至有些自以为是了。

课间休息的时候，小美悄悄地将自己的衣服与其他女生的进行比较，如果谁比她穿得好看，小美就会朝谁投去不满的目光；体育课上，小美故意摔倒，享受男生们投来的关切的目光；自习课上，小美则对着铅笔盒里的镜子，欣赏自己的容貌，似乎全班女生中，她是最漂亮的。

对这些事，雪纯没放在心上，她觉得这些不过是小女生的小小虚荣心在作怪。可是，接下来发生的事让雪纯大吃一惊。

这天，课间操时间，小美下楼的时候，头上的一枚发夹掉在地上。小美命令雪纯去捡，此时雪纯正和同学一边走一边讨论数学难题，没注意到小美的话，气得小美大叫："雪纯，你没听到吗？你快帮我把发夹捡起来！"

"你——"雪纯看着面前飞扬跋扈的小美，惊得下巴差点掉地上。什么时候小美的脾气变得这么差了？

雪纯捡起发夹递给小美，可是小美接过发夹，跺跺脚，赌气转身走了。

"她这是怎么了？"一旁的同学凑到雪纯耳边问，"她为什么生气？发夹掉了，不能自己捡吗？"

"算了！"雪纯冲同学笑笑，"我们接着讨论数学题！"

下午的英语课在语音室上。当雪纯和小美在相邻的座位上坐下后，小美突然尖叫起来：“哇，这是什么破耳机！”

“怎么了？”雪纯伸长脖子去看，小美手上的耳机少了一个海绵耳罩，“哦，不过是少了一个海绵耳罩，没事，只要没坏，还能听到声音，就没关系！”

“没——关——系？没关系你怎么不用这个耳机？”小美说着，扯下耳机，硬生生地将雪纯手上的耳机换走了。

“她怎么这么不讲理！”后排的同学将一切看在眼里，忍不住打抱不平，“雪纯，把耳机抢回来！她凭什么和你换？”

“算了，她不肯用，我用！”雪纯说完，把耳机

戴上。

　　雪纯以为自己的忍让可以让小美少发脾气，可是小美不但没收敛，反而愈演愈烈。

　　周末，雪纯和小美约好去爬山。可是，当雪纯来到小美家喊她出门时，发现她正懒洋洋地躺在床上呢。

　　"怎么了？"雪纯以为小美病了，走过去摸小美的额头。谁知，小美一把推开她，不耐烦地说："我昨天看电视看到很晚，今天太困，不去爬山了，你想爬山自己去吧！"说完，小美一把拉过被子，盖在头上。

　　雪纯看着眼前的小美，无奈地摇摇头，回了家。

　　"你不是和小美爬山去了吗？怎么回来了？"妈妈见雪纯回来了，好奇地问。

雪纯闷闷地说："她昨天看电视看到很晚，起不来，所以……"雪纯耸耸肩膀，"算了，她最近脾气不好！"

是的，小美的脾气越来越不好，不但找雪纯的麻烦，还经常无缘无故地和其他同学闹别扭。

同学不小心踩着她，她生气；同学在洗手间没有让她先洗手，她发火；同学课间聊天声音大，她怒吼："你们烦死了！"

"小美，你怎么了？"雪纯劝她，"有什么不开心的事告诉我，我帮你分担！不要动不动就为小事生气嘛！"

"哼！"小美一哼，连雪纯也不理了。

因为小美的"怪脾气"，大家渐渐疏远了她，甚至连雪纯也躲着她。没办法，谁愿意整天赔着小心和小美交往呢？

不久，让人期待的野外露营活动开始了。班主

埋怨 冷酷 娇滴滴

任带着大家坐着旅游车，向郊区的森林公园驶去。一路上，全班同学兴奋得像一群鸟儿，叽叽喳喳说个没完。

班主任见大家这么开心，便提议每人唱一首歌，就这样，按座位顺序，大家唱起来。轮到小美了，大家一齐鼓掌，期待地看着她，等她唱歌。特别是雪纯，手拍得噼啪作响，嘴里不停地说："小美的嗓音好，歌声非常动听！来，唱一首你最拿手的歌吧！"

"我？"小美脸上露出冷漠的神情，冲大伙儿泼凉水，"我嗓子发炎，不唱。"

"什么？你刚才说话不是好好的吗？"雪纯瞪大眼睛问。

小美把脖子一扬，骄傲地说："我不想唱给你们听！"

"哇——哦——"小美的话引得同学们一阵喧哗。甚至有个男生吹起口哨，还怪声说："小美是大淑女，怎么可以给我们这些俗人唱歌？别难为她了！"这话一出口，大家笑成了一片，小美则把头扭向窗外，面无表情地看着外面的风景。

很快，"大淑女"成了小美的外号。小美自以为这是同学们送给她的美誉，却没意识到，这顶"大淑女"的帽子有着刻薄和难相处的特别意义。

小美的"冷"和雪纯的"热"形成了鲜明的对比。大家在冷落小美的同时，和雪纯渐渐成了亲密好友。

放学时间到了，雪纯习惯性地走到小美面前，谁知小美冷冷地说："你朋友多，你不要和我一起回家了！"

雪纯吃惊地看着小美，觉得她似乎在埋怨自己，便解释说："我喜欢交朋友，但你是我最好的朋友呀！我……"

"谁稀罕！"小美的一句话让雪纯受到极大的打击。

雪纯不明白，小美为什么要说出伤害彼此的话呢？最让她想不通的是，原本可爱的小美怎么变得这么冷酷了？

"雪纯，走，我们去打羽毛球！"有人举着球拍在教室门口大喊。

"来了！"雪纯冲同学露出一个灿烂的笑，抓起书包冲向教室门口。

当雪纯在球场发出快乐、幸福的笑声时，旁观的同学不禁悄悄地议论："雪纯看起来虽然傻傻的，可是别提多招人喜欢了！"

是呀！对于一个女生来说，快乐、幸福才是硬道理吧！

刷刷姐姐
有话说

享受属于你的快乐时光

　　像小美这样的女生其实有挺多，时刻想把自己塑造成所谓的"淑女"，却在不知不觉中沦为大家眼中的"刻薄女生"。

　　少女时光是美好的，所以女生应该做真正的自己，享受属于自己的快乐时光。

　　故事中的小美越想成为大家眼中的"淑女"，就越远

离了自己的生活，失去原有的幸福和快乐。作为小美的好朋友，雪纯很敏锐地发现了她的变化，只要雪纯耐心地开导，我们相信，小美一定会走出误区，重新找回幸福、快乐的时光。

一个优秀的女生，应该和雪纯一样，懂得享受美好的事物，并和周围的人分享。这些事物应该是灿烂明亮的笑容、温情友爱的语言和真诚宽容的心。

女生小攻略

女生的三大制胜绝招

1. 包容

首先要学会包容，允许别人有不同的生活方式。大千世界，无奇不有，只有学会包容，才会活得轻松。

有智慧的女生，她们每做一件事、每说一句话，首先会考虑这样是否会伤害到别人，怎样才不失女生通情达理的本色。每个人都有自己的处世方式，但不管怎样，包容都是女生的制胜绝招。

优秀女生不会自命清高，她们能够包容别人，懂得尊重别人的选择，并能认同别人的生活方式。

2. 热情

女生要表现出热情。女生有了热情，可以交到很多好朋友，能真诚地宽容别人，充分利用闲暇时间来发展自己的兴趣爱好，能有精力锤炼自己。

女生有了热情，可以变得心胸宽广，摒弃怨恨；可以变得轻松愉快，甚至忘记伤痛；当然还能清除心灵上的杂草。

3. 坚强

女生的性格应是刚柔相济的，在温柔的外表下，跳动着一颗坚强的心。女生不代表软弱。

要成为一个优秀的女生就要深深懂得，坚强可以得到大家的尊重。

29

3

微笑的天使

微笑是人与人之间沟通的桥梁。即使没有共同的语言，只要一个发自内心的微笑，就足以贴近彼此的心；只要一个善意的微笑，千言万语也尽在不言中；只要一个默契的微笑，再远的距离也会瞬间拉近……

班里要来新同学了！

这实在是个令人兴奋的消息，整天面对的都是熟悉的面孔，没有一点新鲜血液，怎么能令六 (2) 班的萌萌高兴呢？

"听说新来的同学是女生，真期待呀！"一个调皮的男生站在教室门口张望。

很快，班主任领着一个女生走进教室。只见她身材高挑，长发飘逸。面对大家热烈的目光，新来的女生好像有点羞涩，始终低着头，不让大家看到她的面庞，这引得男生们个个伸长脖子，试图看清女生的真容。

在班主任做过简单介绍后，女生终于抬起头望了大家一眼。

"啊……"有人在座位上发出轻微的叫声，太令人意外了，不但班里的男生傻眼了，连萌萌也愣住了。

女生的面庞平平无奇，单眼皮，塌鼻梁，第一排的同学甚至能清楚地看到她鼻梁周围散布的很多黑色、难看的雀斑。失望顿时打击了大家期待的心！

"我叫木子，来自新疆，我希望能和大家愉快

相处！"女生甜甜的嗓音飘荡在教室上空，接着，她冲大家露出一个真诚而甜美的微笑。

"哇——"教室里又一次传出惊叹声。接着，有人带头鼓掌，热情地大喊："欢迎新同学！欢迎新同学！"

"你的声音真动听！来，坐到我这儿来，我这儿正好有个空座位！"有人主动邀请木子。

"木子，和我做同桌吧！我喜欢你的笑！"

就这样，爱笑的木子成了六 (2) 班的一员。

木子的普通话不太标准，所以她总不好意思开口说话。当别人和她聊天的时候，她总是用真诚的微笑表达自己对对方的尊重。凭借微笑，木子迅速成了班里人缘最好的女生。

微笑给木子加了很多分。班里的同学都很喜欢她。

木子这么受欢迎，有人就不高兴了。萌萌这个自以为是班级第一受欢迎的女生，觉得受到了冷落。她十分不满，总想着找机会让木子出丑。

机会很快来了。一周后，郝大班长在家里开生日聚会，他邀请了很多同学，自

然也包括木子。

　　萌萌想：木子的普通话那么蹩脚，唱歌肯定会闹笑话，让她在大家面前唱歌，肯定会出丑。

　　"今天是我们郝大班长的生日，我们请木子同

学给大家唱首歌，大家欢迎！"萌萌边说边使劲地鼓起掌来。

大家把视线转向木子，只见木子有点羞涩地低着头，不知如何是好。看着木子为难，萌萌得意极了。

生日会的主人——郝大班长走到木子身边，拍拍她的肩膀说："木子，你就给大家唱一首吧，大家还没听过你唱歌呢。这样，你给大家唱首新疆歌。"

"好吧，我普通话不好，我就用俄语给大家唱一首歌吧。"木子说完，习惯性地露出招牌微笑。

"什么？你会唱俄语歌？好啊，好棒！你快唱吧！"

听了木子的回答，萌萌心里空荡荡的。木子会用俄语唱歌，这可是她万万没想到的！

木子一边唱歌，一边微笑着请大家手拉手跳舞，气氛一下子就活跃了起来。木子来到萌萌身边，笑着说："我们也一起跳吧。"

萌萌看着木子真诚的笑容，感到心里暖暖的，她伸出手一起加入了舞蹈的队伍。

刷刷姐姐
有话说

微笑是人与人之间沟通的桥梁

　　微笑如春风，吹暖了我们孤寂的心；微笑如阳光，照亮了我们黯淡的心；微笑如歌声，唤醒了我们沉睡的心…

　　微笑的力量是强大的。微笑可以开启布满灰尘的心灵之窗，可以给予别人希望，同时也是人与人沟通的最好方式之一。

　　微笑是人类最美的表情，不需要刻意

学习，这是自然赋予人类的宝贵礼物。

微笑是人与人之间沟通的桥梁。即使没有共同的语言，只要一个发自内心的微笑，就足以贴近彼此的心；只要一个善意的微笑，千言万语也尽在不言中；只要一个默契的微笑，再远的距离也会瞬间拉近……

女生小攻略

微笑练习法

微笑好像一把神奇的钥匙，可以打开心灵的窗户。微笑的光芒可以照亮周围的一切，让气氛融洽。

如何才能经常保持微笑呢？来看看下面的绝招吧！

微笑绝招一：微笑是感情的流露

笑不仅是一种表情，更是一种感情的流露。

要想拥有自然的微笑，

必须拥有一颗真诚善良的心。只有这样，微笑才会无比动人，像一缕和煦的阳光，冲刷掉陌生和冷淡。微笑是精神外在的奇妙展现，我们时刻都能感受到，面对微笑，谁能不动心呢？

微笑绝招二："哆来咪"练习法

放松嘴唇周围的肌肉是练习微笑的一种方法，叫"哆来咪"练习法。肌肉放松运动从"哆"开始，大声、清楚地每个音说三次。

微笑时最重要的部位是嘴角，锻炼嘴唇周围的肌肉，能使嘴角的移动自然好看。

嘴角的移动变得自然好看后，整体的表情就会很有弹性，人在不知不觉中就会显出活力。

注意：要坐在镜子面前练习，一定要挺直背部。

微笑绝招三：工具辅助练习法

微笑练习还可以借助工具哦！

用门牙轻轻地咬住木筷子，嘴角微笑翘起，努力

使嘴角与木筷子在同一水平线上。保持这种状态，然后轻轻地拔出木筷子，维持这种状态十秒钟。

越礼貌越美丽

优秀女生应该是有礼貌的，她们的礼貌是自然、有个性、体贴、优雅、温暖的，礼貌绝对不单指几句简单的客套话，更多的是一种为人处世的智慧，也是对别人最基本的尊重。

"娜娜，待会儿和我一起去周阿姨家吧？"

"嗯……"娜娜为难地看着妈妈，好不容易有个周末，又要被妈妈强拉着去她的朋友家，"妈妈，为什么要带我一起去？您自己去不是挺好的吗？"

"你知道吗，周阿姨刚回国，还带着女儿优优。周阿姨特别强调要我带上你，好让你和优优交个朋友，以后你们可以一起玩。"

"哦，是这样啊。优优长得像她的爸爸，还是像周阿姨？"娜娜好奇地打听。

"我也没见过优优，你可以去周阿姨家一探她的'庐山真面目'啊！"妈妈冲娜娜挤挤眼。

"好吧！"娜娜点点头说，"看在优优的面子上，我今天就陪您走一趟吧。"

"哈哈，你这个调皮鬼！"妈妈用手指戳了戳娜娜的头，然后收拾好东西，一起出了门。

按响周阿姨家的门铃后，娜娜和妈妈走进她家。周阿姨和优优的爸爸还有优优热情地邀请她们进屋。

她就是优优吗？娜娜打量眼前的女生，她个头比娜娜矮，一双漂亮的大眼睛让娜娜好喜欢她哦。

"啧啧！"妈妈看见优优忍不住称赞，"优优，你长得这么漂亮，真是可爱极了！"说完，妈妈把准备好的礼物送给优优。

优优微笑着收下礼物，然后当着她们的面拆开："哇——我好喜欢！"优优感激地冲妈妈道谢。

妈妈看起来特别喜欢优优，她用手抚摩优优的头发，又一次夸赞："优优，你怎么长得这么漂亮！你看起来像洋娃娃一样可爱！"

"谢谢夸奖！"周阿姨示意优优回到自己的房间，然后对妈妈说，"但是，夸奖优优漂亮其实对她是没有好处的。"

妈妈吃惊地看着周阿姨，说："她长得的确很漂亮，夸她为什么会对她没有好处呢？"

周阿姨摇了摇头，说："漂亮不是她的功劳，这取决于她父母的遗传基因，与她个人没有关系。总夸她漂亮会让她把漂亮当成骄傲的资本。其实，我希望别人能夸奖她有礼貌，这才是她自己努力的结果，礼貌对她的成长影响很大。"

妈妈听了恍然大悟，觉得周阿姨说得很对，离开的时候，妈妈特意夸优优是个懂礼貌的孩子。娜娜站在一边，看到周阿姨露出了愉快的笑容。

在回家的路上，妈妈一直没有说话，娜娜想逗妈妈开心，就开玩笑说："谁说优优是个懂礼貌的孩子，我们送的礼物她刚拿到手就拆开来看，难道不可以等到我们离开后再拆吗？"

"这你可就错了，拿到礼物立即打开，并表示喜欢，这是懂礼貌的表现呢。看来，你应该好好上上文明礼貌课了。"

第二天，妈妈就带娜娜去一家培训学校试听"文明礼貌课"。

第一次上课，老师给大家演示如何有礼貌地打电话。

老师先等电话铃声响过两遍之后，坐正身子，抓起电话听筒，声音清晰又柔和地说："您好，这里是某某某家，请问您找哪位？"打完电话老师说了"再见"，等对方挂掉电话后才轻轻放下听筒。

老师解释说："有礼貌地打电话应当是，态度友善，语调温和，以自然的音量讲话，不要大喊大叫，也不要粗声粗气地讲话。因为打电话是看不到人的表情的，对方只有从话语上判断你的态度，因此不要给人留下没礼貌的印象，也不要因为自己的粗声粗气得罪了人。

"通话双方都要注意，讲话要缓慢、清晰。凡讲到人名、地名、数字，或关键的词句，最好能重复一遍。对方讲话时，应安静、认真地听，不要随

女生成长 小红书

便打断。为了表示自己在用心听对方讲话，或表示理解和同意，可以不时地发出如'嗯''对''是'之类的答复……"

娜娜第一次发现，打电话原来是一件这么细腻的事！

最后，老师说："不管细节上有什么区别，礼貌的核心都是一样的，让周围的人感觉到你很尊重

他们，这一点不会随着时代和地域的变化而变化。体谅别人，尊重他人，以别人的感受为先，多考虑别人，礼貌是人类和谐共处的金钥匙。"

听完老师的课，娜娜一下子就喜欢上了"文明礼貌课"。娜娜从来没想到，礼貌有这么重要，有这么多学问，她一定会好好学习。

优秀女孩养成攻略 自我培养

礼貌让你成为优秀的女生

中国人自古就崇尚礼仪。在西汉时期，有个名叫张良的人，他是一位杰出的谋士，汉高祖刘邦的军师，被后人称为"谋圣"。传说他有一段神奇的拜师经历。

有一天，张良在黄石山下的一座桥上碰到一个银髯白发的老翁。老翁故意把自己的鞋子扔到桥下，然后停下脚步对张良说："小子！下桥去！给我把鞋子捡上来。"张良看到是老翁故意把鞋弄掉的，心中略有不满，但看他是个年长的老者，便毕恭毕敬地去桥下把

刷刷姐姐
有话说

53

鞋拾了上来。没想到那老翁竟然又伸出脚来，命令道："把鞋子给我穿上！"张良本打算放下鞋就走，但是转念一想，既然已经给他拾来了鞋子，不如就给他穿上吧。于是张良又恭敬地跪在地上给老翁穿上了鞋。鞋穿好后，老人对张良赞叹道："孺子可教矣。"他约张良五日后清晨再到桥头相会。张良心中虽有疑惑，但还是恭敬地跪地应诺。

五天后，张良在天亮后赶到桥上，谁知老人已在桥头等候，见张良迟到，斥责道："与老人约，为何误时？五日后再来！"说罢离去。五日后，张良在鸡鸣时前往，可老翁又先在桥上等候了。第三次，张良没有睡觉，半夜就到桥上等候。他的恭敬虔诚感动了老翁，于是老翁将《太公兵法》一书送给他。张良十分珍爱，经常熟读此书，反复地学习、研究，最后学有所成，建功立业，成为一代名臣。

"做人先学礼"，礼貌教育是人生的第一课。礼貌必须通过学习、培养和训练，才能成为行为习惯。

优秀女生应该是有礼貌的，她们的礼貌是自然、有个性、体贴、优雅、温暖的，礼貌绝对不单指几句简单的客套话，更多的是一种为人处世的智慧，也是对别人最基本的尊重。

　　只有发自内心的尊重别人，才能让女生成为懂礼貌的人。做一个优秀的女生，应该从讲礼貌开始，从尊重别人开始。

女生小攻略

礼貌大会战

文明礼貌是一种行为习惯，体现在生活中的点点滴滴，需要进行全方位的训练。

1. 仪容

卫生：清洁卫生是仪容美的关键。不管长相多好，服饰多精美，若满脸污垢，全身异味，大家一定会躲得远远的。

每个人都应该养成良好的卫生习惯，做到睡前洗脚、起床洗脸、饭后漱口，经常洗头、洗澡，勤换衣服。不要在人前"打扫个人卫生"，比如剔牙齿、掏耳屎挖鼻孔、修指甲等，这些行为都应该避开他人进行，否则，不仅不雅观，也是对他人的不尊重。

服饰：穿什么衣服也是仪容的重要内容。在不同的场合穿合适的衣服，对女生来说很重要。衣服既要自然得体、协调大方，又要遵守约定俗成的规范或原则。必须时刻注意客观环境对人的着装要求，即着装要优先考虑时间、地点和情况三大要素，并努力与时间、地点、情况保持协调一致。

2. 言谈

说话的时候态度要诚恳、亲切；声音大小要适宜，语调要平和、沉稳；与人谈话时应保持一定距离，不要唾沫四溅。

用语：多用表示敬意的词语，如"请""谢谢""对

不起"，第二人称中的"您"等。初次见面为"久仰"；很久不见为"久违"；请人批评为"指教"；麻烦别人称"打扰"；求给方便为"借光"；托人办事为"拜托"等等。要努力养成使用敬语的习惯。

态度：说话的态度能反映出一个人的修养。交谈时记得要正视对方，认真倾听，不能东张西望、看书看报、面带倦容、哈欠连天，不然，会给人心不在焉、傲慢无礼等不礼貌的印象。

3. 姿态

站姿：站立时，身体应与地面垂直，重心放在两个前脚掌上，挺胸、收腹、抬头、双肩放松。双臂自然下垂，眼睛平视前方，面带笑容。站立时不要歪脖、斜腰、屈腿等。在一些正式场合，千万不要将手插在裤袋里或交叉在胸前，那样是很不礼貌的。

坐姿：端庄优美的坐姿，总给人文雅、稳重、自然大方的美感。女生正确坐姿是，腰背挺直，肩放松，两膝并拢，向左或者向右微倾，双手自然放在膝盖上或椅子扶手上。在正式场合，入座时要轻柔和缓，起立时要端庄稳重，不可猛起猛坐。在公共场合不可以把鞋子脱下来。

走姿：女生的走姿是，轻而稳，胸要挺，头要抬，肩放松，两眼平视前方，面带微笑，自然摆臂。

女生在生活中要注意的细节

1. 别人给你倒水时，你不要干看着，要用手扶着杯子。

2. 别人对你说话，一定要记得接话，不能人家说了上句，你不接下句，或者一味地说"啊……是"等。

3. 有人盯着你看的时候，不要直视对方，你可以假装没注意到。

4. 如果有人在你附近释放"有毒气体"——偷偷放屁，你不能嫌恶地躲开或者捂住鼻子，就装作若无其事，忍一忍吧。

5. 吃完饭的时候，你要轻声对同桌的人说："我吃完了，你们慢慢吃。"不要站起来就走。

6. 如果你给别人递东西，最好双手递给对方。

7. 坐在椅子上时，不要让椅子腿离开地面翘起来。

8. 如果你是最后一个进门的，要记得随手关门。

9. 送客人时，一定要说"慢走"。

10. 洗手后一定不要随意甩手，当心水会甩到别人身上。

11. 如果你给别人递刀具，记得把刀柄那一端递给别人。

12. 给客人倒茶水时，壶嘴千万不要对着客人。

13. 如果你遇到往里往外都能打开的门，记住：拉开门，而不是推开门。这样可以防止撞伤迎面走来的人。

14. 如果屋里有人，你出门的时候要轻手关门。

15. 当给别人盛饭或端茶时，如果中间隔了人，你不要从人家面前递过去，而应从背后递过去。

16. 去别人家里时，不要随便坐在人家的床上，除非对方是你的闺中密友。

17. 与别人碰杯时，自己的杯子一定要低于对方的，特别是当对方是长辈时。

18. 如果你问别人问题，别人不回答你，千万不要缠着别人问个不停。

19. 吃饭的时候尽量不要发出声音。

20. 别人批评你的时候，即使对方是错的，你也不要先辩驳，等对方平静下来再解释。

21. 在朋友家吃完饭，要主动帮忙洗碗、清理桌子。

22. 擦桌子的时候要往自己的方向抹。

23. 接电话的时候第一句话要说"喂，您好"，挂电话的时候等别人先挂。

24. 不随地吐痰，也不乱扔垃圾，如果附近没有垃圾箱，就暂时先拎着。

25. 走路的时候，不要把手插在口袋里。

5 古典美是一种气质

　　一个有品位的女生，会不断地学习，不断地充实自己，修炼学识、修炼文化、修炼人格，提高自己的内在修养，让自己有美丽的心灵、高尚的品格、丰富的内涵，从里到外散发出动人的光芒！

　　馨儿有一头令人羡慕的长发——这是她最引以为豪的。

　　对于女生来说，保养一头长发可是很麻烦的！先不说早上梳头要比别人多费时间，洗头发比别人麻烦，就连上课的时候，这些发丝都会不经意地从脑袋上滑下来，要么遮住眼睛，要么和书本纠缠起来。

　　真是三千烦恼丝啊！

　　尽管馨儿觉得长发打理起来有些麻烦，但是出于女生的爱美之心，无论妈妈和老师怎么劝，她都不愿剪掉长发，而且经常披散着长发去学校呢。大家都羡慕馨儿的长发。

　　有一天天气很热，馨儿摸摸肩膀上披散的头发，拿出发绳把头发扎了一个马尾，可是馨儿的头发又多又长，就算扎起来，发尾也还是盖在脖子上，非常热。

怎么办？馨儿灵机一动，将头发盘在了脑后，这样就凉快多了。

"哇——馨儿，你盘起长发来好美哦！简直就是古典美人啊！"不知道谁喊了一句，大家的目光都向馨儿聚过来。

这一天，馨儿在同学们的目光中快活得像一只小鸟，她想：如果我有一根簪子就好了。

一次盘发让馨儿有了浓浓的古典情结，她开始
四处留意与"古典"有关的东西。

她节省零花钱买来一根美丽的簪子，但在一天
上学挤公交车时，簪子在拥挤的人群中被折成两半。
下车后馨儿抓着断成两截的簪子欲哭无泪。

"同学们，以后你们的语文课由新来的张老师
上！"这天，班主任领着一位新老师走进教室。

"同学们好！"张老师在讲台边刚开口，馨儿便
兴奋得想呐喊。这位张老师好漂亮哦！她穿着一身
绿底碎花的旗袍，馨儿的眼都看直了。整节课，她
没听清张老师说的一个字，心思全在旗袍上呢。

下课后，馨儿默默地看着张老师，谁知张老

师指着她说："馨
儿，你跟我到办公
室来。"

馨儿有点受宠

若惊，呀，有机会接近张老师了！她连忙跟着张老师去了。

"馨儿，你上课的时候怎么愣愣的，是不是在开小差？"

原来，张老师发现她不认真听课，严肃地批评了她。馨儿呢，虽然听着张老师的批评，却没往心里去。她看着眼前的张老师，心底在琢磨：张老师

古典美
修养
揶揄

旗袍上绘的是什么花？真好看。

"馨——儿！"张老师的脸色变了。想不到自己苦口婆心劝了半天，她的心思却还在别处。张老师想发火，可是看着馨儿一脸羡慕的表情，终于将怒火转为另一番话："馨儿，你听过'腹有诗书气自华'吗？一个人的气质，其实不全在他穿什么衣服，关键在于他的内在修养。我听

你原来的语文老师说，你特别喜欢古典的东西，古典的东西确实很美，特别是古典名著，我建议你看看！"说完，张老师递给她几本古典文学书。

有了张老师的引导，馨儿的生活一下子发生了变化。除了看张老师借给她的书，周末，她还跟张老师学古筝。嘿嘿，馨儿四处替张老师宣传："哎呀，想不到张老师是古筝高手！"

这学期快结束的时候，馨儿突然把长发剪短了。

"你不追求古典美了吗？"同学们略带揶揄地问她，"你这样怎么盘头发呢？"

　　"嘿嘿！古典美其实是一种气质，要美在举手投足间！我现在还是学生，盘头发不合适。"馨儿说到这儿，脸上露出美丽的笑——当然，她没有肆无忌惮地露出大门牙，因为这样不够"古典美"。

找到适合你的气质

大家一定记得《诗经》中的"窈窕淑女，君子好逑"吧，只用"窈窕"两个字，就概括了古代女子的气质！

那么，窈窕是什么意思呢？很简单，就是文静而美好的意思，代表着一种婀娜的柔美。

中国古代的女子最重视风韵，还要有特长，所谓琴棋书画，还要会煎茶、焚香、刺绣等。

那么，在现代，怎样做才算有"气质"呢？相信不同的人有不同的答案。

其实，女生最本质的特征就是拥有天然独特的气质，不用刻意雕饰，因为刻意雕饰就失去了本真。

从心理学上看，气质可以分为兴奋型、安静型、冲动型、抑郁型等不同的类型。

兴奋型气质的人，性格活泼，情绪饱满，但有时会热情有余，踏实不够，感情好恶流露明显，感情的稳定性和持久性不够，会给别人忽冷忽热、不可靠的感觉。因此，兴奋型气质的女生，应该学会自我控制，不能感情用事，要在热情中求平稳，行动中求扎实。

安静型气质的人，往往表现为喜欢安静，情绪的兴奋度较低，表面上显得较为冷淡，缺乏热情。所以，安静型气质的女生要尽量主动与人交谈，让别人有机会了解自己，

在交往中表现出主动性和热情。

冲动型气质的人，情感表现为不易遏制，容易冲动，脾气急躁。在生活中，冲动型气质的人一旦兴奋起来，眉飞色舞，滔滔不绝；遇到不高兴的事或挫折时，会变得粗暴。这种大起大落的情绪对女生来说是致命的，一定要想办法克服。

抑郁型气质的人，情感的兴奋度低，他们谨慎、孤僻，常给人难以捉摸、不可接近的感觉。但是，抑郁型气质的人是非常专注、忠诚的。对于抑郁型气质的人来说，增强自信心、提高主动性是非常重要的。

当然了，人的气质不是固定在一种类型上，不是一成不变的，要有意识地培养自身的优良气质。

气质是培养出来的，但它不是一个月、两个月可以养成的，而需要一年、两年甚至更长的时间。

与气质密不可分的是品位。

世上的女生有很多种，有的漂亮，有的纯真，有的优雅，而那些让人非常欣赏的女生，都有一个共同的特点——有品位。

一个有品位的女生，懂得如何打扮自己，她的衣服不会五彩斑斓，过分张扬，也不哗众取宠，而是符合自身的气质。她会在不同场合穿适合的衣服，从不媚俗。

一个有品位的女生，她待人平等，不卑不亢，永远有一张亲切的笑脸。你和她说话，她不恭维，不花言巧语，不咄咄逼人，只用心来聆听，总是站在你的角度，为你着想。

一个有品位的女生，她的心态积极、乐观向上，不颓废放纵，不怨天尤人；她善良温和，有一颗包

容的心；她拥有独立的思想和人格，对事物有自己的看法和见解，从来不人云亦云。

一个有品位的女生，她成熟机智，会不断地学习，不断地充实自己，修炼学识、修炼文化、修炼人格，提高自己的内在修养，让自己有美丽的心灵、高尚的品格、丰富的内涵，从里到外散发出动人的光芒！

每一位女生都是特别的，都应该有自己独特的气质，从现在开始，用心塑造属于自己的气质吧。

女生小攻略

培养气质的法则

1. 在一颦一笑中培养气质

如果你是个精力旺盛的人，尝试做一些安静的事情吧，例如折纸、下棋、做填字游戏等，这些事情对于培养女生安静、专注的性格很有用。

培养气质不能忽略细节，只有注意细节的人，在一颦一笑中，在眉宇之间，才会多一些从容。

在日常生活中，要给自己提合

理正确的要求。气质的形成不是一两天就可以实现的，对此要有耐心，做好长期努力的准备。

2. 丰富你的成长经历

生活实践和大自然是塑造和培养气质的重要课堂，它们会给你丰富的知识，给你爱探索的心灵以无穷的启示。出去游览，扩大生活视野，你会感到世界是如此之大。在游览中，你可以发现问题，不断思考，增长知识，促进身心健康。

在成长过程中，丰富的经历不但会让你增长知识，更能增强自信，让你的生活变得丰富多彩。丰富的经历是女生的宝贵财富。

3. 广博的知识提高你的修养

读书，可以增长知识，陶冶性情，使人的情感细腻，举止优雅，气质深沉。

淡泊以明志，宁静以致远，这种境界不读书是不能达到的。读书为女生带来了最美妙的时光，当女生沉浸于阅读中时，她是世界上最幸福的人。

喜欢看书的女生，一定是出口成章且优雅有涵养的人。读书能带来很大的乐趣，当读到一本自己感兴趣的书时，心情一定是愉悦的。

用知识武装自己，用文化装扮自己，比用让人眼花缭乱的服饰和化妆品来装扮，更有内涵。

4. 培养你的艺术气质

青春期对于女生的一生来说，绝对是一个关键的时期。在这一时期所接触的体育运动、艺术活动以及所学到的理论知识，很有可能会在以后的生活中发挥重要的作用。

这个时期的女生

正处在开发才艺的黄金时期，千万不要浪费时间，要根据自己的兴趣，选择培养书画或者器乐等才艺，让生活更加多姿多彩。

艺术气质是女生独特气质中很重要的一部分，它可以让女生绽放更多的美丽。所以在生活中，一定要注意培养艺术气质。

在培养艺术气质的过程中，充满了各种挑战，请坚持下去，要知道，成为优秀女生必须经受千锤百炼。

女生的真时尚

6

时尚是一种智慧，绝对不是穿几件漂亮衣裳，或者化一个时髦的妆，就能够代表的。真正的时尚女生，是非常优雅、斯文、安静的，她有着一颗热爱生活的心。

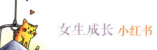

女生成长 小红书

　　如果问琳琳"有什么东西女生会追求不懈"，琳琳会毫不犹豫地回答——时尚。

　　时尚是什么？时尚是去年流行的小香风，前年风靡的阔腿裤，还有大前年人手一件的泡泡袖T恤……

　　今年流行什么，嗯，让我想想——灰色！没错，时尚的焦点就是灰色，比如灰色的上衣，灰色的短裤，灰色的轻跑鞋，还有很多不起眼的小东西也会让人眼前一亮，灰色的拉链，灰色的背包，灰色的小发夹……

　　嘿，这个世界仿佛被施了灰色的魔法，班里几乎每个女生身上都会出现一件与灰色有联系的衣服或小玩意儿。然而，只有一个人例外——琪琪。

　　"琳琳，你们班的琪琪真的一点也不时尚吗？"

隔壁班的小洛好奇地打听。

"如果她时尚，为什么浑身上下看不到一点灰色？她就是一个跟不上时尚潮流的女生！"琳琳瞥了一眼教室里坐着的琪琪。

教室里的琪琪正在看一本课外书。在琳琳看来，琪琪是个不起眼的人。她从来不会和人红脸，衣服虽然干净整齐，但是样式陈旧。

"琪琪，你的作文主题那么新颖，为什么衣着打扮却这么过时呢？你写作文这么厉害，为什么不花点心思让自己时尚些呢？"琪琪写得一手好作文，

每次上作文课，老师都会读她的作文，让大家学习琪琪的构思和写作主题，因为她每次的作文不但主题新颖，构思也很巧妙。琳琳的作文比不过琪琪，只能用"时尚"这个字眼压她。

"我很土吗？我不觉得呀。我觉得只要穿得舒服，活动自如就可以了！"琪琪满不在乎地说。

"可是，和你这么土的女生在一个班，我觉得很没面子！"琳琳的嗓门很大，惹来很多同学看热闹。

"和琳琳比，琪琪是有些土！"一个同学指着琳琳的衣服，"瞧，这是今年最流行的款式！"

"琪琪这么穿也没什么错呀！毕竟穿衣打扮是自己的事！"一个同学站在琪琪身后，"我认为琳琳不应该指责琪琪！"

"可是她这副模样太……哪有女生不打扮

的呢？"

"时尚女生虚荣心强，不可救药！"

很快，支持琳琳和支持琪琪的同学分成了两派，教室里的气氛顿时紧张起来。

"好了，你们不要吵了！"琪琪站起来，笑着说，"其实我没有你们想的那么土，我也有时尚的一面！"

"啊——"听了这话，周围的同学一片惊呼。

"不信吗？"琪琪走到琳琳面前说，"听说现在很流行装饰文具盒，我们比一比谁装饰的文具盒更美，如何？"

"好啊！"大家一起欢呼，"琪琪居然还会装饰文具盒！"

"哼，她会装饰什么文具盒？"琳琳显然不相信，她把头一扬，充满自信地说，"你输定了！明天早

上，我们让大家评评谁的文具盒更美！"

第二天一早，班里的同学来得格外早，因为大家都好奇琪琪会怎样装饰文具盒，琳琳这个时尚女生又会玩出什么新鲜花样。

首先出场的是琳琳，只见她给文具盒做了最时髦的水钻装饰。

水钻闪着光芒，文具盒里一片璀璨！女生们围

着琳琳的文具盒，叽叽喳喳讨论个不停。

"琪琪，你的文具盒可以展示了吗？"琳琳摆出一副赢定了的表情看向琪琪。琪琪呢，慢慢地打开自己的文具盒。

"天哪——"人群中有人高呼，"这……这是什么？"

随着高呼声，大家看向琪琪的文具盒，只见她的文具盒里非常整齐，每样文具都整洁干净，在早晨的阳光照耀下，自有一种无法言喻的漂亮。

"琪琪，你装饰了哪里啊，我就知道你不会做！"琳琳用嘲笑的口吻说。

"是啊，琪琪，你根本就没有做啊！"有的女生

也附和道。

"你们错了，我觉得，干净、整洁的文具盒是最漂亮的。想想看，琳琳的文具盒虽然看起来很漂亮，但是，这样多的小水钻既不方便清洁，拿取文具也不方便。再说，文具盒这么华丽，还会影响上课的注意力呢！"

听琪琪说完，大家都默默地点点头。

"你别说，琪琪的文具盒看起来真的挺漂亮呢，让人感觉上课更容易专注了。"不知道谁说了一句，大家都赞叹起来，再仔细对比一下琪琪和琳琳的文具盒，果然是琪琪的漂亮。

"装饰大战"传进心理老师的耳朵，她为了让大家了解真正的时尚，心理老师特意请来一位讲师，给全校女生上一节时尚课。

阶梯教室里，兴奋的女生们翘首以盼，很快，一位年轻、漂亮的大姐姐走了进来。同学们一下子沸腾起来："这是来讲课的老师吗？"所有人都打量着眼前的大姐姐。

只见她穿着运动服，脚踩一双球鞋，看起来一点也不时尚，但是有说不出的朝气和风采。

"别以为这种打扮就是土，你们知道吗，有时候，穿一双中国传统的黑布鞋也是时尚哦！"

"啊？"大家面面相觑。

大姐姐告诉大家，时尚不是穿奇装异服，时尚不是花里胡哨。对女生来说，时尚就是简单明了、健康快乐和青春活力，只有将内在的活力和健康结合起来，才是真正的时尚。

课程结束了，大家对美、对时尚有了全新的理解和看法。追求时尚的琳琳也有了变化，她不再把时尚挂在嘴边了。

什么才是真正的时尚

什么才是真正的时尚？每个人站的角度不同，出发点不同，所得出的结论自然也就不太一样。但不管怎样，对女生来说，真正的时尚既朴素又高雅，是能和自己身份相匹配的，是健康的身体、简单的着装，是洋溢的快乐、青春的活力。时尚不是简单的跟随和模仿，它是每个人都可以去开创和引领的。

有些女生盲目地追随社会上的潮流服饰和各种奇异打扮，完全脱离了自己的学生身份。与其盲目地追求时尚，不如做阳光、平凡的自己。

有这样一个故事。一个人在马路边建了一座房子。三天后，有一个老汉经过这座房子，嘟囔着"好难看"。这人问老汉哪里难看，老汉说房子应该朝东才对，早上可以看太阳升起，而且也不会受到马路上车辆的影响。这个人一想确实如此，于是让人将房子推倒，重新盖了一间朝东的房子。过了没几天，又有一个人经过时说了一句"没品位"。这人忙问哪里没品位。路人说："你的房子应该朝西才对，你想落日多美，满天彩霞，多么富有诗意。"这人一想，确实有道理，于是把房子改成朝西的。没想到改了以后他受到的责难更多，最后房子改朝南，后来又改朝北……这样改来改去，他的积蓄都用光了，房子还没有建好。

其实和故事中建房子一样，追求时尚不能盲目听信别人，应该有自己积极、健康的主张。时尚不是让所有人都满意，只有出自内心，让自己舒适快乐，才是真正的时尚。

有一个画家一直想画一幅让全天下人都满意的画。他用了十年时间，终于画成了一幅。他将这幅画放在路边，让经过的人在画得不好的地方画一个圈。令人沮丧的是，当傍晚去收画的时候，这个画家发现画上面已经画满了圈圈。有朋友给他出了一个主意，让他临摹这幅画，然后将临摹的画仍旧放在路边，请路人指出画得好的地方。结果让人大吃一惊。原来被认为画得不好的地方，这回都画满了圈圈。画家恍然大悟，不是他的画有问题，而是欣赏的人不同。

有很多女生因为别人的看法刻意改变自己，结果让自己变成了盲目跟风的牺牲品。我们没有必要去过分关注别人的喜恶，每个人都有自己的特点，为什么非要跟随别人才能得到所谓的"时尚"呢？

时尚是一种智慧，绝对不是穿几件漂亮衣裳或者化一个时髦的妆就能够代表的。真正的时尚女生，是非常优雅、

斯文、安静的，她有着一颗非常热爱生活的心。

　　时尚是综合素质的体现，让人在瞬间就能感受到美和朝气。对女生来说，不要把各种各样稀奇古怪的服饰、化妆品当成时尚的全部，做健康、快乐、简单的女生，才是领悟时尚的关键一步。

女生小攻略

女生怎么追求时尚

女生可以追求时尚，但是不应该一味地只追求时尚。时尚是一种潮流、一种活力，只有适应时代的发展，才能在生活中追求时尚，在时尚中享受生活。怎样才能在学习知识的同时追求时尚呢？

1. 对自己的打扮有自信

女生都是爱漂亮的，注重打扮也很正常，但是，你要对自己的打扮有自信。要记住，你打扮不是为了取悦别人，千万不要听从他人不合适的意见。只有符合自己气质的打扮才是好看的，不要过分在意别人的观点。

2. 充分了解自己的优缺点

穿对衣服具有放大自己的优点、掩饰自己的缺点的作用。青春期女生最大的优点是有着朝气蓬勃、勇于进取、奋发向上的精神面貌。所以，衣着只要整洁、自然、大方，就是青春女生的时尚。一身运动装配一张清纯可爱的脸、健康矫健的身姿，就是最时尚的女生！

3. 遵守学校的制度

学校制订的规范中，常常有这样的要求：朴素大方、不佩戴首饰、不染发……这不是不让我们追求时尚，而是让我们能正确地追求时尚，不盲目地跟随潮流。

4. 追求健康积极的时尚

女生要追求健康积极的时尚，而不是去追求那些害人的时髦。追求时尚不但能提高女生的审美，树立正确的价值观，还有助于丰富女生的课外生活。时尚的范围很广，最新的时事算不算时尚？体育运动算不算时尚？时尚不一定要局限在穿衣打扮上，有很多事物都是很时尚的。

探访皮肤的秘密

皮肤是人体的第一道防线。它在默默地诉说着身体的秘密，告诉我们身体里发生了什么，或即将发生什么，只是我们目前还无法完全理解，无法与之无障碍地交流。

"啊——"这天睡前洗脸时，小薇忽然对着镜子发出惊呼。

"小薇，你怎么了？"

妈妈闻声而来，看到小薇摸着小脸，对着镜子左顾右盼，小薇边照镜子边对妈妈说："我脸上长了好几个红疙瘩！"

"我看看是不是青春痘？"妈妈仔细地看小薇的脸，"没错，就是青春痘！"

"我怎么这么早就长青春痘啦？我明天怎么见人？"小薇嘟着小嘴，想起学校里的一位学姐，满

脸红疙瘩，看起来好吓人。

"别担心，妈妈在你这个年龄的时候，也长过青春痘。这种东西，很容易对付的！"妈妈说到这儿，摸摸小薇的头，"睡觉吧，明天还要上学呢！"

"好的！"小薇原本紧张的心放松了。躺下后，她很快就睡着了。

第二天一早，小薇按妈妈教的方式洗脸，洗好

后，她发现脸上的痘似乎小了一些。嘿嘿，或许是心理作用吧！小薇看向妈妈，虽然已经四十岁了，但妈妈的皮肤依然很光洁、白嫩。小薇相信自己在妈妈的帮助下，一定能"战痘"成功的。

"妈妈，我能用化妆品吗？瞧我的脸，痘痘好丑哦！您下班后，能给我买点粉或遮瑕膏吗？"

"别急！你现在还是学生，不需要用化妆品。你脸上的青春痘，我有办法帮你消除！"

"妈妈真小气！"小薇嘟起嘴。

"不是我小气！"妈妈笑起来，"你现在的皮肤很嫩，乱用化妆品不但保护不了皮肤，反而会因为化妆品中含有的化学成分而使细嫩的皮肤受到伤害！"

"是吗？"小薇半信半疑地看着妈妈，"您没骗我？"

"皮肤是女生的面子，也是保护我们人体的第一道防线！"妈妈抬起手臂看了看手表，"好了，你抓紧吃早饭，放学后，我给你上上皮肤保养课！"

"嘿，妈妈什么时候变成美容师了？"小薇调皮地冲妈妈挤挤眼，"如果我脸上的青春痘治不好，妈妈就是吹牛哦！"

"你这个坏妞妞！"妈妈伸手在小薇的鼻子上一拧，笑着说，"如果你的痘痘没了，你怎么谢我？是不是帮我洗一年的碗啊？"

"没问题，帮您洗碗本来就是我应该做的，只要您帮我消除痘痘，洗碗算什么！"小薇满口答应了。

放学后，妈妈带着小薇查了很多关于痘痘的资料，原来痘痘是因为青春期发育才长的，搞清楚了这

点，小薇安心多了。

妈妈告诉小薇三招"战痘"绝技：一是勤洗脸，保持面部清洁；二是不要怕，保持愉快心情；三是管住嘴，不要吃刺激性的食物。

"什么？管住嘴，是不是以后都不能吃辣椒了？"别的都好说，就是这个管住嘴可要命了，小薇从小就喜欢吃辣，没有辣椒，感觉吃什么都没味道。

"那当然了，要想做漂亮的小女孩，就要牺牲一点口福喽！"妈妈笑着说。

小薇点点头："好吧，一切听您的！"

在妈妈的帮助下，不出两个月，小薇的痘痘消除了很多。看来，妈妈的办法真灵呢！小薇心想。

烦人的青春期皮肤问题

皮肤是人体的第一道防线。它看得见，摸得着。皮肤在默默地诉说着身体的秘密，告诉我们身体里发生了什么，或即将发生什么，只是我们目前还无法完全理解，无法与之无障碍地交流。

青春期是女生最灿烂的季节，但是很多女生被脸部的痘痘、痘印和毛孔粗大等皮肤问题困扰。为什么青春期会有这么多的皮肤问题呢？面对青春期皮肤问题，应该怎么解决呢？

青春期女生之所以面临很多皮肤问题，是因为她们正处于发育阶段，激素很容易分泌失调，导致油脂等分泌增

多，堵塞了毛孔，从而出现青春痘、毛孔粗大等问题。

如果这时候使用抑制激素分泌的产品，可能会破坏体内平衡，引发其他皮肤问题。所以要想解决这些皮肤问题，关键还是要疏通毛孔、给毛孔排污。正处在发育阶段的女生，激素分泌失调大多是正常的生理现象，长青春痘等皮肤问题的直接原因是油脂等堵塞了毛孔。

要解决这些皮肤问题，首先要选择正确的清洁产品，以清洁、滋润型的产品为主。

容易长痘痘的女生，夏天的时候做好防晒是当务之急。因为太阳的照射会刺激痘痘恶化，使黑色素不断沉积，加深痘疤的颜色，延长皮肤自我修复的时间。

其次还要注意养成良好的作息习惯，保证足够的睡眠，减轻皮肤的负担，增强皮肤的免疫力。

最后还要少吃刺激性食物，如油炸、辛辣类食品，多喝水且多吃青菜、水果，加速身体的新陈代谢，增强皮肤排毒的能力。

在电视广告中我们经常看到，使用化妆品的人皮肤会变得洁白细腻，富有光泽和弹性。是不是保养皮肤就一定要用化妆品呢?

其实不是的,青春期女生的皮肤油脂分泌旺盛,若再用化妆品,必然增加皮肤"呼吸"的困难,影响皮脂排出,对皮肤有害。所以,女生尽量不要使用化妆品,在特殊场合需要用时,千万不要用过期变质或不合格的产品,以免损害皮肤健康。

在日常生活中,环境的污染,加之青春期女生户外活动较多,空气中的粉尘落到脸上,也会阻碍皮肤的"呼吸",给皮肤带来不良刺激,应注意及时清洗。清洗干净后,干性皮肤的女生可适当涂些水性乳液,油性皮肤的女生可不用任何护肤品,适当按摩即可。

女生小攻略

青春期少女的皮肤保养

　　每个人的皮肤特点都是不同的，针对不同的皮肤特点，需采取不同的护理方法。

1. 自我护理

　　找到适合自己肤质的清洁产品和日常护理产品。注意不要过度使用护肤品，因为青春期女生的皮肤油脂分泌旺盛，过度使用护肤品会使女生皮肤"营养过剩"，从而引发更多青春期皮肤问题。

2. 及时就医

青春期女生应关注自身皮肤的健康状况，皮肤是身体情况的一面镜子，时刻反映着女生的身体情况。如果发现皮肤出现不正常的情况，如脱皮、红斑甚至异常瘙痒等，就需要及时去医院皮肤科就医。

俏短发的新主张

美丽的发型会成为女生青春期珍贵的记忆之一，在青春期爱美，想要好看的发型这很正常，但要注意选择适合自己的发型哦。

　　女生到了高年级，身体开始发生明显的变化，身高、嗓音、性格、爱好……甚至连发型也变了。

　　记得刚上六年级的时候，班里同学的发型中规中矩，男生清一色的短发，女孩子要么扎个马尾，要么是齐耳短发。但不知从什么时候起，大家的注意力开始放到头发上了。

　　这天早上，男生小磊顶着奇怪的新发型出现

在教室里，大家一边狂笑，一边喊："你好酷！真帅呀！"

　　尽管老师很有意见，可是同学们觉得这种发型有个性，很时髦，具美感。于是，班里的同学开始在头上做各种文章。有的女生在头上编很多小辫子，有的女生戴上巨大的蝴蝶结，有的将马尾用彩色的皮筋扎成一截一截的。

课间休息时，女生们开始谈论各自的发型。

"我这是靓丽编发！"

"我这是清新短发！"

"我昨天用了护发素！"

啧啧啧，大家的议论声让楚楚的心怦怦跳起来，她摸摸自己"清汤挂面"似的长发，心想：我的发型要怎么做呢？

妈妈平时工作忙，不可能帮自己编小辫，如果去理发店剪，自己又没有那么多零花钱。怎么办呢？不如自己动手。

周末，楚楚躲进小屋，打开电脑，在网上搜索美丽的发型。找啊找啊，终于，她选中一种发型。

太好了，这种发型很好看，就做这种吧！楚楚

说干就干。按网上的介绍，她先洗发，再吹发……到了最后关键的一步，她为难了。这种发型要对发尾处进行修剪，楚楚不会剪头发，这可怎么办呢？

只能硬着头皮剪了！楚楚拿起剪刀，对着镜子正要剪。突然，砰的一声响，楚楚吓了一跳，手一抖，把头发剪出一个"豁口"！

"楚楚你做什么呢？"原来是妈妈开门回来了，妈妈看到楚楚的头发，笑了起来。

"呜呜呜……人家的头发都剪坏了，您还笑！"楚楚都快哭了。

"没关系，妈妈帮你修剪。"妈妈说着，拿来剪刀，替楚楚修剪头发。

看着头发一缕一缕掉在地上，楚楚郁闷地握紧拳头发誓：以后我再也不乱动自己的头发了。

"楚楚，你闭上眼睛！"妈妈抓着剪刀，对楚楚说，"我给你剪个好看的发型！"

"发型？能有什么发型？"楚楚虽然不信，可依然乖乖地闭上眼睛。

　　咔嚓，咔嚓……听着剪刀在耳边发出的声音，楚楚心里好紧张。

　　"睁开眼睛吧！"妈妈的话音刚落，楚楚就睁开了双眼。"哇——好看，好看！"镜子里，楚楚发现妈妈给自己戴了蝴蝶结发卡，将前额的头发束住，衬得她的眼睛又大又亮，发尾剪短了，很自然地披在肩上。

　　"怎么样？"妈妈问。

　　"嗯，不错！"楚楚高兴地咧嘴笑起来，"看来适合自己的发型才是最美丽的！"

　　第二天，当楚楚出现在教室里的时候，大家纷纷称赞她的发型可爱，还有同学喊她"小可爱"呢！

　　谁会想到，楚楚的发型是这样剪出来的呢？有时候，美丽就是这么出人意料！

　　自从楚楚可爱的发型出现后，第二天，便有和楚楚一模一样的发型出现了。

　　最让人意外的是，冬冬也模仿楚楚剪短了头发。

冬冬的新发型一亮相，大家都笑了起来。

"大蘑菇！"有些男生喊出了声。

冬冬连忙低下头，眼泪悄悄地流了下来。

楚楚走到冬冬身边，关切地说："别理他们，瞧他们的发型，多难看。"

"楚楚，为什么我剪了和你一样的发型，大家都在笑呢？"冬冬不理解怎么会这样。

"并不是所有的人都适合剪我这种发型。剪什么样的发型，不能盲目模仿别人，关键是要和自己的脸型相配。你的脸型不适合剪我这样的发型。"

楚楚的这些知识可都是从妈妈那儿学的。

　　"嗯，我明白了，难怪我剪头发的时候理发师姐姐建议我剪干练的短发呢！"当冬冬的"小子头"出现在班里的时候，很多人都啧啧称赞呢。很快，那些怪异的发型不见了，简单又有朝气的发型再次成为班里的主流。

选择适合自己的发型

对女生来说，发型是她们的一张名片。女生怎样才能拥有最美丽的发型呢？

判断一种发型好不好看，不能只以它的流行度作为标准，只有适合自己脸型的才是最好看的！

很多女生剪发时会很苦恼，不知道如何根据自己的脸型来选择合适的发型，我来告诉大家一些发型与脸型搭配的秘诀吧。

长脸型的女生：脸长的女生很适合剪带有刘海的发型，参差不齐的刘海与中长发的完美结合，将长脸轻松"打造"成瓜子脸。

　　方脸型的女生：方脸往往看起来没有亲和力，缺乏柔和感，前额较宽，腮部呈方形。柔顺的齐肩短发很适合方脸女生。发尾稍稍内扣，形成裹脸的效果，再搭配遮住额头的斜刘海，就能巧妙地将脸型的不足掩盖掉啦！

　　圆脸型的女生：类似苹果和两颊比较丰满的圆脸往往给人温柔可爱的感觉。齐下巴处的短发，搭配微斜的刘海，可以很好地修饰女生的圆脸。

　　菱形脸的女生：颧骨突出的菱形脸与中分的 A 字形梨

花头搭配，厚重的发尾在视觉上收缩了颧骨的同时，也为发型增添了美感，彰显出女生乖巧、甜美的个性。

平时女生可学习一些这方面的知识，找到适合自己的发型，绽放出青春的美丽。

女生小攻略

女生的护发宝典

青春期女生会遇到很多头发上的问题，及早做好头发护理，对保护头发十分重要。

1. 防治发臭

由于皮脂腺过度分泌油脂，再加上油脂与汗水相混合，为细菌、真菌在头皮上繁殖创造了条件，头发有时会散发出一种难闻的腐臭味，俗称发臭。所以，女生一定要养成勤洗头的卫生习惯，还要调节饮食，多吃蔬菜和水果，少吃油条等油炸食品或香肠、奶油、乳酪等高脂肪食品。

2. 防治头皮屑

青春期女生的头皮细胞生长较快，部分头皮细胞在未完全成熟，角化不全的情况下成块脱落，形成头皮屑。头皮屑增多，严重时可引起局部炎症。

头皮屑多而且头皮发痒，与真菌的大量繁殖有很大关系。在头皮屑过多的情况下，使用含有抗真菌成分的洗发剂是很有帮助的。

3. 正确洗头

洗头不要过于频繁，一周洗 3~4 次就可以了。洗头的时候要用指腹轻轻揉搓头发，不要用很大力气，以免损伤头皮。洗完头后最好用一些护发素。

4. 不要烫发和经常使用电吹风

烫发、经常使用电吹风等会加速头发分叉和断裂。所以，不要烫发，也不要经常使用电吹风，洗完头发后，用干毛巾擦一下，尽量让它们自然干。

5. 正确梳头

梳头时有时可见到断发，这可能与静电作用有关。梳子与干燥的头发摩擦时较易产生静电，尤其是在干燥的天气下。静电使头发相互排斥，不能平整地贴在一起，导致头发蓬松。反复产生静电对头发来说是一种不良的刺激，会造成头发损伤，进而出现头发干枯、变白，甚至脱落等现象。金属、硬塑料做成的梳子，梳头

时较易产生静电。

可以先用少量的水打湿头发，然后再梳头。梳头时不要用力拉扯，以免头发损伤和出现断发。

嘴唇的故事

　　女生一般是不需要化妆的，健康的本色才是女生最大的亮点。不过，掌握一些必要的护唇技巧是女生的必修课，可以助你在学校和社区组织的一些文娱演出中精彩亮相。

小嘟嘟是班里个子最小的女生，班里的同学对她的印象很简单：一头长发，圆圆的大眼睛，和同学说话的时候头总是不由自主地低着。其实，她的真名不叫小嘟嘟，因为她经常嘟着嘴，所以大家才送给她这么一个亲昵的外号。

瞧，课间休息时间到了，其他同学要么聊天，要么去踢毽子、跳绳，只有小嘟嘟嘟着嘴，歪着头，看着窗外的景色发呆。

"小嘟嘟，和我们去玩吗？"

"小嘟嘟，一起去洗手间吗？"

"小嘟嘟，和我们去看鲜花吧？"

开始，大家总会主动邀小嘟嘟一起做这个，一起玩那个，可是小嘟嘟要么低头不语，要么继续发呆，搞得大家以为她不愿意搭理别人，便走开了。

时间一长，大家便不再"打扰"小嘟嘟了。

小嘟嘟变得更沉默、更孤独了。没有人"打扰"的女生会快乐吗？小嘟嘟的嘴巴嘟得更高了。

如果你问她：整天发呆，看窗外，到底在想什么呢？她也不知道！很多时候，小嘟嘟也想和同学们去玩耍，可是她害羞，又不爱运动，只能可怜兮兮地坐在一边。

日子一天天过去，同学们的身体都在悄悄发生变化。小嘟嘟也变了，她开始长高，身体像其他女生一样出现微微的曲线，最引人注意的是，她的嘴唇变得红艳艳的。

"嗨，小嘟嘟，你的嘴唇怎么这么红？你是不是擦口红了？"一个女生好奇地问她。

"我没有擦口红！"小嘟嘟的脸红了，随着脸变红，她的

嘴唇变得更红了！

"奇怪，为什么你的嘴唇这么红呢？"女生纳闷地走开了。

"难道你喝了血？"小嘟嘟的同桌阿虎是个爱开玩笑的家伙，他指着小嘟嘟的嘴唇大叫，"我想起来了，校门口有种可怕的饮料——'血饮料'，你一定是喝了那东西吧？哇哇哇，那可是用色素调配

出来的，不能喝哦！"

"我没有喝，我没有喝！"小嘟嘟用力摇头，委屈得眼泪差点掉下来。

"奇怪，你没有擦口红，也没喝'血饮料'，为什么嘴唇会这么红呢？"阿虎看着小嘟嘟研究了老半天，最后，他说了一句令小嘟嘟很不好意思的话，"不过，你的嘴唇红艳艳的，看起来好漂亮哦！"

"嘻嘻！"小嘟嘟忍不住笑了，她这一笑，红嘴唇看起来更漂亮了。

这之后，班里的同学，特别是男生开始注意这个沉默的小丫头。

"白雪公主的嘴唇也没小嘟嘟的嘴唇红吧！"

"嗯，书里有白雪公主，我们班有红唇女生！"

在赞美声中，小嘟嘟开始和同学说话，和同学玩耍了。

一段时间后，小嘟嘟发现，自己的好朋友青青

秘密
可怜兮兮
红艳艳

也变成了红嘴唇——只不过她擦了口红。

"啊啊，啊啊！"小嘟嘟看着青青的红嘴唇，惊讶地大叫，"你……你好臭美哦！"

"哼，难道就许你有红嘴唇！"青青扬起嘴角，很不屑地说道。

可是，没过几天，青青就遇到了大麻烦。

这天，青青戴着口罩来到学校，大家都好奇地

围过来问："青青，你怎么了？是感冒了吗？"

青青假装咳嗽了几声，然后点点头。

小嘟嘟总觉得青青不像感冒的样子，到底是哪里出了问题，她却说不上来。

正巧，青青将头发的时候，不小心弄掉了口罩，小嘟嘟惊讶地发现：青青的嘴唇肿起来了，而且还在掉皮。

小嘟嘟吃了一惊，她知道青青一定是因为害羞才戴口罩的，她便把秘密悄悄装在了心里。

放学后，小嘟嘟跟在青青身后，见周围没有人，才问道："青青，你的嘴唇怎么了？"

青青的眼里闪着泪花，委屈地说："都怪那支口红，我本来想和你一样，拥有红红的嘴唇，可谁想到，才涂了几天，嘴唇先是变得干裂，接着肿起来，现在竟然开始掉皮了。"

原来是口红惹的祸啊！小嘟嘟关切地问："那你去医院了吗？"

青青点点头说："去过了，医生说我的皮肤不适合用口红，再加上一开始用口红时总是喜欢舔，所以才会这样。"

"看看，这就是臭美的代价吧！"小嘟嘟笑着说。

"是啊！还是像你一样，自然的才最美——对了，你要帮我保守秘密啊！"青青说道。

小嘟嘟点点头。

嘴唇的颜色与健康

嘴唇是很特别的部位，它娇嫩敏感，还担负着保护牙齿的重要任务。

嘴唇既不同于面部皮肤，也不同于口腔内黏膜，它呈现出特殊的暗粉红色，表面平整，富有弹性，如仔细观察，还可看到细密的褶子。正常的嘴唇颜色不仅是一种健康的标志，而且能给人美的感受。

但是，为什么会有那么多人喜欢给嘴唇"上色"呢？——为了美丽。

从古至今，给嘴唇"上色"的方法千奇百怪，层出不穷。有用植物浆汁的，有用颜料的……当然，现代人用的

最多的是各种品牌的唇膏。

虽然唇膏色彩种类丰富，使用起来方便，但是，对于青春期的女生来说，保持嘴唇的健康才是最重要的。

经常或大量地使用唇膏会给健康带来危害。唇膏主要由油脂、蜡质和色素等成分组成。油脂及蜡质都具有较强的吸附性，能将空气中的尘埃、病毒、细菌等有害物质吸附在嘴唇上，这些物质很容易随食物等进入体内。

唇膏中常用的色素有的是对人体有害的非食用色素，

因此，唇膏鲜艳色泽的背后存在着不为人们所注意的隐患。尽管市场上销售的各种品牌的唇膏都必须经过安全性试验，但由于色泽不同及原料配方的差异，加上人们的肤质千差万别，仍然潜藏着发生过敏反应的风险。唇膏引起嘴唇过敏已是一个严重而普遍的问题，约 10% 的女生用后会出现口唇干裂、烧灼、肿胀、瘙痒、表皮剥脱、轻微疼痛等症状。

所以，如果不是因为参加演出等需要，一定不要随便使用唇膏。必须使用的时候，要选择有安全保证的正规产品，先在下唇局部试用一天，经观察无不良反应后再继续使用。此外，唇膏是个人专用品，不能与他人合用，以免经皮肤和唾液等途径传染疾病。进餐、临睡前都必须把唇膏清洗干净。

总之，对女生来说，健康的嘴唇才是最美的。

女生小攻略

女生的护唇技巧

　　女生一般是不需要化妆的，健康的本色才是女生最大的亮点，千万不要让化妆品掩盖了你的青春之美。不过，掌握一些必要的护唇技巧是女生的必修课，可以助你在学校和社区组织的一些文娱演出中精彩亮相。

　　女生的嘴唇很娇嫩，怎样护理才能保护好嘴唇呢？

1. 正确选用唇膏

　　要知道，各种唇膏中都含有化学物质，而一些化

学物质并不是皮肤所必需的营养素，长期
使用，会破坏嘴唇的屏障作用，加重嘴唇
负担，容易引起唇部皮肤老化。

所有唇膏都可能引起过敏反应，所以
在需要使用时，比如参加文娱演出，一定
要选择适合自己的产品。在使用过程中，
如果皮肤出现红斑、瘙痒、刺痛等不适症状，应
立即停用，并找皮肤科医生诊治。

2. 文娱演出场合正确使用唇膏

演出化妆前一定要先用温水清洗皮肤，选用
适合自己皮肤的洗面奶，不但可以清除污垢，而
且易于上妆。

要多做脸部按摩。用化妆水轻
轻拍打，按摩面部，可起到收缩毛
孔及平衡皮肤酸碱度的作用。

做好准备工作后，就可以涂唇
膏了。唇膏的颜色，要与面部的色

调协调，这样才显得自然。

3. 及时清洗

当演出结束后，要立即清洗掉唇膏，不要因为唇膏残留而让细菌等有机可乘。

4. 使用唇膏时的小习惯

注意说明书上的禁忌与保质期等；不要用舌头舔嘴唇；尽量减少使用次数。

10 颜色迷的改变

每一种颜色都有它的特征，不是每个人穿什么颜色的衣服都好看的，关键在于是否适合你。每个人都有自己特定的用色规律，你知道吗？

"我喜欢红色、粉色、绿色、橙色、紫色、白色……哈哈，除了黑色，所有的颜色我都喜欢！"

说话的人叫仙儿，是班里出了名的"多彩女生"。之所以这么称呼她，是因为她总是喜欢在身上汇聚好几种颜色！

瞧，今天仙儿身上有一、二、三、四、五，五种颜色哦！

"女生不穿花些，算什么女生？"仙儿喜欢将自己打扮得五颜六色的。

如果你问她有什么梦想，她会歪着脑袋，一脸憧憬地说："我想有一个大大的衣柜，里面装着色彩缤纷、款式各异的漂亮衣服。"

可惜这种梦做了一天又一天，却从没有实现过。每天睁开眼，仙儿总看见自己家灰溜溜的墙壁和一个小小的衣柜。仙儿的家不大，平时，她和奶奶住一个房间，除了床和小衣柜，房间里只能摆放一张巴掌大的写字桌。唉，在这种家庭环境下，仙儿是无论如何都得不到梦中的大衣柜和漂亮衣服的。尽管妈妈总说"衣服再漂亮也比不上善良的心"，可仙儿依然渴望有很多衣服。

有一次，妈妈带仙儿去买衣服，一进商场，仙儿便被眼前五彩缤纷的衣服弄得眼花缭乱。这件好

看，那款不错，这件似乎更好！仙儿看每一件都好看，可惜妈妈只同意给她两百元买衣服，而这些钱只够买一件。最令仙儿痛苦的是，她看中的那款裙子竟然有三种颜色：粉、黄、蓝。每种颜色都很清新，超级可爱。

"妈妈，求您把这三种颜色的裙子都买下吧！"仙儿哀求，"我实在太喜欢了！"

"你只能选一种颜色！"妈妈残酷地拒绝了她。无奈，仙儿只好选了粉色。

在回家的路上，仙儿拎着裙子又高兴，又遗憾。高兴的是买了新裙子，遗憾的是，其他两种颜色的裙子没买成。

　　仙儿的梦在现实中无法实现，但是在网络上，她得到了满足。这一天，她无意中发现一款网络游戏里有好大一个衣橱，女主角可以随时穿上各种颜色的漂亮衣服，那些衣服的款式新颖，每一件都将女主角装扮得如同仙女。最妙的是，这款游戏还能在手机上玩呢！

　　从此，仙儿挤出各种时间玩手机游戏。为了能够随时换上美丽的衣服，仙儿对爸爸撒谎："爸爸，我们老师要求每个同学都必须配手机！您快给我配一部吧！"

　　"是吗？"爸爸显然不相信仙儿的话，但是也没有拒绝，而是拿出自己的手机递给她，"这样吧，

你先用爸爸的手机，过段时间，我再给你买！"

"哇——爸爸真好！爸爸真好！"仙儿激动地抱着爸爸的脖子，在他脸上狠狠亲了几口。

从此，厕所里，公交车上，被窝里，随时随地，仙儿都捧着手机痴迷地换衣服。她的时间被游戏占据着，学习成绩自然渐渐落下来。

对仙儿的变化，爸爸看在眼里，他不急不躁，想到了一个应对的好办法。

这一天，仙儿正忙着给女主角换裙子，游戏界面上跳出个提示：有人给你发信息了！

"谁呢？"仙儿好奇地点开信息：

"这么漂亮的女主角被你打扮得好像圣诞树！丑死了，丑死了！"

"可恶！"看到这行字，仙儿气得差点把手机砸在地上，"你凭什么这么说？"她气呼呼地回了一条信息。

"不要以为把各种颜色堆砌在身上就是美，你应该好好学习颜色搭配！"啪，随着信息内容，后面还附了一篇文章。出于好奇，仙儿点开了文章。

《服装搭配与色彩运用》这篇文章把搭配技巧说得详细又实用，看着网页上搭配得清爽、明快的服饰，仙儿觉得自己的"色彩大全穿衣法"似乎有些可笑。她渐渐明白，自己原先所谓的搭配都是颜色和花样的堆砌，没有任何章法，根本不讲究色系、补色和衬托等。哎，网络上的高人真多，仙儿开始不再乱给游戏中的女主角搭配花里胡哨的服装，甚至在上学的时候，也不再把各种颜色都穿在身上了。

过了几天，那个发信息的人又发给她一篇文章。《女生不要痴迷服装秀》的末尾，有这样一句话——"女孩爱漂亮没有错，但不能沉迷在打扮上，

否则会因此变得虚荣、偏执，严重的甚至会得精神病呢。"

"哎呀——这么可怕！"仙儿甩甩头发，决定从今天开始，不再痴迷于给游戏中的女主角换衣服——再说，换来换去有什么意思呢？游戏里的服装都是虚幻的，还不如自己的一个蝴蝶结发饰能装扮自己！对了，今天的衣服上有蝴蝶结了，头上就不该再戴蝴蝶结发饰。仙儿想起"搭配原则"，笑了。

再后来，仙儿把对色彩的追求用到美术作品上，她用颜色搭配法绘制了一幅《色彩的梦幻世界》。在画里，她大胆地用了对比色，冷色与暖色的冲击，使得这幅画看起来醒目、热情，还充满少女的梦。

"这幅画真美！"美术老师展示给大家看的时候，同学们发出阵阵赞叹，仙儿的脸上露出得意又幸福的笑。

后来，这幅《色彩的梦幻世界》被老师推荐参加了青少年画展，荣获了特别奖呢！

"多彩女生"需要有丰富的颜色知识，如果不能认识颜色背后的东西，那她不过是个"颜色痴"。仙儿给那个神秘人回了这句话后，将手机还给爸爸："我还是愿意在画中体味颜色的魅力！"

"嘿嘿，嘿嘿！"爸爸笑了，仙儿也笑了。

他们笑什么呢？原来，他们心中藏着同一个秘密，仙儿早就发现那个常给她发信息的人就是爸爸，而爸爸呢，也不说破这件事！

刷刷姐姐
有话说

学会正确的"爱美"

从心理学角度来说，从审美敏感期开始，女生会一直处在对美丽的探索之中。所以，审美敏感期是非常重要的。在这个对美进行探索的初期，如果父母或者老师经常粗暴地干涉、阻止、限制女生，那么很糟糕，女生的审美观就会停止发展，甚至遭到破坏；如果父母和老师能对女生的审美观进行正确的引导、鼓励，相信女生一定能成长为审美能力极高的美丽女生。

这里，刷刷姐姐为大

家讲一个我自己的故事吧。

刷刷姐姐小的时候也非常爱美哦！每次看到好看的衣服总想拥有，于是便缠着爸爸妈妈要新衣服。当然，爸爸妈妈不能无限制地给我买新衣服啊，于是，妈妈想到一个好办法。

一次，妈妈对我说："我们一起动手，为你制作一件世界上最美丽的衣服，怎么样？你来设计样式和图案，妈妈和你一起做。相信一定会很棒。"

首先，我找出一条过时的白色小裙子，在上面画了个卡通小姑娘。然后，妈妈带我去大市场买来布、纽扣、丝线等材料。接下来，我和妈妈动手装饰白裙子。先用布裁剪出卡通小姑娘的脸蛋、四肢等部位，然后用丝线和纽扣将各部分缝合起来。当卡通小姑娘在白裙子上诞生后，我别出心裁地在她脚边绣了草地和一只蝴蝶。

虽然在制作过程中我的手指被针扎了，剪刀剪坏了布料，但是妈妈不停地鼓励我："想要别出心裁的裙子吗？加油哦！"

在妈妈的鼓励下，我花了整整三天时间，终于完成了白色小裙子的"升级改造"。

那天，当我穿着自己改造的白裙子去学校时，同学们围着我不停地夸赞："哎呀，这可是独一无二的白裙子哦！""想不到 DIY 这么有意思，我回家也要动手装饰自己的衣服。"

面对同学们的赞美，我得意极了，我觉得此刻的我仿佛是一位伟大的服装设计师。

女生们，其实我讲这个故事，无非是想告诉你们，美不仅仅在于外表，更在于创造。

　　漫步在街头，春雨滴答滴答地下着，小草摇动着柔嫩的身躯，欢快地舞蹈着，一棵棵杨树站得整整齐齐，接受着这神圣的洗礼。一切都那么生机勃勃，一切都显得那么美。这时，你发现有一位老翁手拿一把带泥的铲子站在一边，抹了一把脸上的雨水微笑着。那不是园丁伯伯吗？在美丽的画面中，他是美的创造者。一朵花，一棵草，一棵树，都是经过他的手才显得更加美丽。

　　女生们，学会正确地去"爱美"吧，美不仅仅是买好看的衣服这么简单，美更在于你别出心裁的创造。

女生小攻略

找到属于你的用色规律

爱美的女生经常会提出这样一个问题：穿什么颜色的衣服好看呢？

其实，每一种颜色都有它的特征，不是每个人穿什么颜色的衣服都好看，关键在于是否适合你。每个人都有自己特定的用色规律。

选择适合你的颜色能让你整个人看上去焕然一新，衬得皮肤晶莹白皙，人也显得很有精神。

色彩搭配技巧

1.掌握主色、辅助色、点缀色的用法

主色是占全身色彩面积最大的颜色，占全身面积的 60% 左右，通常是作为套装、风衣、大衣、裤子、裙子等的颜色。

辅助色是与主色搭配的颜色，占全身面积的 40%

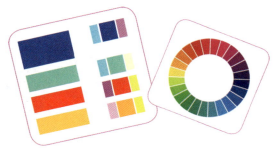

左右，通常是作为单件的外套、衬衫、背心等的颜色。

点缀色一般只占全身色彩面积的 5%~15%，通常是作为丝巾、鞋、包等的颜色，会起到画龙点睛的作用。

全身色彩以三种颜色为宜。一般整体颜色越少，越能体现优雅的气质，并给人利落、清爽的印象。

2. 色彩搭配法

强烈色搭配：两种对比明显的颜色搭配。如：黄色与紫色、红色与青绿色。这些搭配视觉效果比较强烈，令人眼前一亮。

补色搭配：两种互补的颜色搭配。如：红与绿、蓝与橙、黑与白等。补色搭配能形成鲜明的对比，有时会收到较好的效果，比如黑白搭配是永远的经典。

近似色搭配：两种比较接近的颜色搭配。如：红色与橙红色或紫红色相配，黄色与草绿色或橙黄色相配等。

刷刷

中国作家协会会员，儿童文学作家，江苏省优秀校外辅导员，江苏省十大优秀科普作家之一。主要作品有《向日葵中队》《幸福列车》《八十一棵许愿树》《星光少年》等。作品入选"优秀儿童文学出版工程"、"向全国青少年推荐的百种优秀图书"、"中国好书"月度好书等，曾获江苏省精神文明建设"五个一工程"奖、桂冠童书奖等。有多部作品被改编为儿童广播剧、儿童音乐舞台剧、儿童电影、百集儿童校园短剧等。